# MARAVILLAS DE MÉXICO

## AL SUR DE NUESTRA FRONTERA

por Laura Conlon
Versión en español por Aída E. Marcuse

The Rourke Book Co., Inc.
Vero Beach, Florida 32964

FOTOGRAFÍAS:
© James P. Rowan: cubierta delantera, páginas 7, 17; © Steve Warble:
primera página; © Robert Pelham: página 4; © Gary Vestal: página 8;
© Francis y Donna Caldwell: página 18; cortesía de U.S. Geological
Survey: página 13 (R.E.Wilcox); cortesía del Ministerio de Turismo de
México: páginas 10 (Blake Discher), 12, 15, 21


**Catalogado en la Biblioteca del Congreso bajo:**

Conlon, Laura, 1959-
    [Maravillas de México.  Español]
    Maravillas de México / por Laura Conlon; versión en español por
Aída E. Marcuse.
        p.  cm. — (Al sur de nuestra frontera)
    Incluye índices.
    ISBN 1-55916-075-6
    1. México—Descripción y viajes—Literatura juvenil.
I. Marcuse, Aída E.  II. Título.  III. Series.
F1216.5.C6818  1994
972—dc20                                            94-25935
                                                     CIP

Printed in the USA

# ÍNDICE

# MARAVILLAS DE MÉXICO

México es un país donde hay muchas maravillas. Entre sus encantos naturales cuenta con hermosas montañas, extensas costas marinas y selvas eternamente verdes.

De los pueblos **antiguos**–los indígenas mayas, los toltecas y los aztecas–perduran **ruinas** de imponentes edificios y misteriosos monumentos que nos dicen cómo vivían esas tribus hace mucho tiempo.

En México también existen maravillas modernas, llevadas a cabo por los mexicanos de hoy.

*Estas ruinas de edificaciones mayas sobresalen por encima de los árboles de la selva de Uxmal, en la Península de Yucatán*

# CHICHÉN ITZÁ

Los indígenas mayas vivieron en México hace más de mil años. En una de sus ciudades, Chichén Itzá, los mayas construyeron un **observatorio,** o sea, un lugar para estudiar las estrellas y los planetas, y también una pirámide ¡de casi 1.000 pies (333 metros) de altura!

Además construyeron grandes templos en honor de sus dioses. En uno de ellos los **arqueólogos** descubrieron un hermoso jaguar tallado en piedra roja. Esa escultura fue sacada del templo y hoy puede admirarse en un museo.

*Los mayas construyeron un observatorio en Chichén Itzá*

## LOS ÁRBOLES DE LAS MARIPOSAS

Entre las más increíbles maravillas naturales de México se encuentran los "árboles de las mariposas", en los estados de México y Michoacán.

Casi doscientos millones de mariposas monarcas pasan el invierno en los frescos bosques de las montañas de la cadena Sierra Madre, cubriéndolos por completo como si fueran hojas de colores brillantes.

Las mariposas monarcas vuelan desde los Estados Unidos a las montañas de la Sierra Madre año tras año, pero sigue siendo un misterio cómo hacen para reconocer el camino.

*Apiñadas una contra otra, las mariposas monarcas cubren el tronco de un árbol en las montañas de la Sierra Madre, cerca de la ciudad de México*

9

# XOCHIMILCO

La palabra Xochimilco significa: "lugar de los jardines de flores". Hace mucho tiempo, los indígenas del lugar hicieron jardines sobre balsas y los pusieron a flotar en el lago. Con el paso del tiempo las raíces atravesaron las balsas y alcanzaron el fondo del lago, haciendo que los jardines se transformaran en islotes.

Hoy, los turistas pueden navegar en pequeños barcos alrededor de los "jardines flotantes" del lago Xochimilco.

*Estos barcos de fondo chato recorren el lago Xochimilco*

*Una terraza-observatorio, construida en un imponente barranco del cañón Copper, en Chihuahua, México*

La lava que fluía del volcán Monte Paracutín casi enterró la iglesia de San Juan, en el estado de Michoacán, México

# LAS MONTAÑAS

La montaña más alta de México es el Monte Orizaba. Con 18.700 pies (6.235 metros) de altura, es el tercer pico más alto de América del Norte. El Monte Orizaba es un volcán muy antiguo, y está **extinguido.** Muchas de las montañas de México son volcanes.

Uno de los más nuevos es el Monte Paracutín. En 1943, los campesinos de Paracutín observaron atónitos cómo cenizas y lava **hacían erupción** en medio de sus maizales a través de grietas en el terreno. Pronto las cenizas y la **lava** cubrieron el pueblo entero y crearon un pico de 1.000 pies (333 metros) de altura.

*El volcán Popocatepetl se destaca contra el fondo de una iglesia en Cholula, en el estado de Puebla*

## LAS COSTAS

México tiene más de 6.000 millas (9.900 kilómetros) de costas marinas. Kilómetros y kilómetros de playas de arena, un sol constante y temperaturas cálidas todo el año, atraen muchos visitantes a los **complejos turísticos** de los lugares de vacaciones. Acapulco es el más famoso en la costa del océano Pacífico. Cancún y Cozumel son islas turísticas en la costa del Golfo de México.

Las áreas costeras proveen muchas otras riquezas al país. En la plataforma submarina del Golfo de México hay ricos yacimientos de petróleo, y mar afuera de ambas costas se encuentra abundante pesca.

*En el Parque Nacional Tulum hay una franja de arena blanca entre los barrancos y el mar Caribe*

# LAS CATEDRALES

Muchas de las principales iglesias católicas, o catedrales, son maravillas de arte y diseño.

Los católicos del mundo entero visitan sobretodo una de ellas–la catedral de la Virgen de Guadalupe–. Fue erigida en el sitio donde, en 1531, Juan Diego dijo haber visto la aparición de la Virgen María.

## LOS MURALES

Los indígenas de la antigüedad pintaban grandes cuadros en las paredes de sus templos y palacios. Esos **murales** contaban la historia de sus vidas y de sus dioses.

La costumbre perduró y aún hoy muchos edificios de México son decorados con murales que cuentan la historia del país. Uno de los más famosos está en la biblioteca de la Universidad de México. El espectacular diseño fue realizado utilizando más de siete millones de piedrecitas.

*Un mural de guerreros de la antigüedad, en la ciudad de México*

# LA PLAZA DE TOROS MONUMENTAL

La plaza de toros más grande del mundo es la Plaza de Toros Monumental de la ciudad de México. En ella hay corridas de toros casi todos los domingos, y los aficionados disfrutan de uno de los deportes que heredaron de los conquistadores españoles.

La multitud vitorea al **matador,** o torero, cuando éste agita su gran capote rojo para hacer dar vueltas al toro. El encuentro termina cuando el torero mata con su espada al agotado toro.

**Glosario**

**antiguo** — muy viejo

**arqueólogo** — científico que estudia los artefactos y otros restos de las culturas antiguas

**complejos turísticos** — lugares de vacaciones

**extinguido** — que no está más en actividad

**hacer erupción** — arrojar lava un volcán

**lava** — roca derretida arrojada por un volcán, que se endurece al enfriarse

**matador** — torero

**mural** — pintura decorativa realizada directamente en la pared

**observatorio** — edificio con equipos científicos especiales para observar las estrellas y los planetas

**ruinas** — restos de edificios o ciudades muy antiguos

# ÍNDICE ALFABÉTICO